Mercados Volatiles

Jackson Brooks

Jackson Brooks

Indice

Introducción a la Volatilidad del Mercado

La volatilidad es uno de esos términos que, aunque suene técnico, es esencial para cualquier persona que quiera adentrarse en el mundo del trading. Imagina que estás en una montaña rusa, donde los ascensos y descensos son impredecibles, y aunque el recorrido puede ser emocionante, también puede resultar aterrador si no sabes lo que viene. Así es la volatilidad en los mercados financieros: esos momentos de inestabilidad y cambios rápidos en los precios que pueden hacer que un activo pase de estar en la cima a caer en picada en cuestión de minutos, o viceversa.

Cuando hablamos de volatilidad en un mercado, nos referimos a la magnitud y frecuencia de los cambios en los precios de los activos, como acciones, bonos, divisas o criptomonedas. Un mercado volátil es aquel donde los precios suben y bajan de manera significativa en cortos periodos de tiempo. Para el trader, esto significa tanto riesgos como oportunidades. En un mercado estable, los movimientos de los precios son más predecibles y suelen ser más lentos; en cambio, en un mercado volátil, todo puede cambiar de un momento a otro.

La volatilidad puede ser provocada por una variedad de factores. Las noticias económicas, los cambios en las políticas gubernamentales, las decisiones de los bancos centrales o incluso eventos inesperados como una pandemia, son todos elementos que pueden aumentar o disminuir la volatilidad. Por ejemplo, un anuncio sobre una nueva regulación financiera o el resultado de una elección importante pueden generar una reacción instantánea en el mercado, causando que los precios de los activos fluctúen rápidamente. Y en ocasiones, no es necesario un evento externo: el comportamiento mismo de los inversores, guiado por el miedo o la codicia, puede hacer que los precios suban o bajen drásticamente.

Para los traders, la volatilidad es un fenómeno que puede parecer aterrador, pero también es la fuente de grandes oportunidades. Cuando los precios se mueven con rapidez, existe la posibilidad de obtener grandes beneficios si se logran anticipar correctamente esos movimientos. Imagina que compras una acción a un precio bajo y, debido a la volatilidad del mercado, su precio se dispara en unas pocas horas. Puedes venderla y obtener una ganancia significativa en muy poco tiempo. Pero, como en todo, este escenario tiene un reverso. La volatilidad también puede jugar en contra. Así como el precio de un activo puede subir rápidamente, también puede desplomarse, generando pérdidas considerables si no se manejan los riesgos de manera adecuada.

Es importante recordar que la volatilidad no es ni buena ni mala en sí misma. Todo depende de cómo se maneje. Para los traders experimentados, un mercado volátil puede ser una mina de oro si saben cómo navegarlo. Sin embargo, para los que son nuevos en el juego, la volatilidad puede ser abrumadora y peligrosa si no se toman precauciones. Los movimientos rápidos del mercado pueden hacer que incluso los más tranquilos se dejen llevar por el pánico o la emoción, tomando decisiones impulsivas que podrían llevar a pérdidas.

Un aspecto fascinante de la volatilidad es que no siempre es igual. Hay periodos en los que los mercados son relativamente tranquilos, con pocos cambios significativos en los precios, y otros momentos en los que parece que todo está en movimiento constante. Esta diferencia se debe, en parte, a que la volatilidad sigue ciclos. Durante ciertos periodos, el mercado puede estar más estable, mientras que en otros, ya sea por la acumulación de factores internos o externos, los precios pueden volverse impredecibles. Este comportamiento cíclico es lo que hace que algunos traders adopten estrategias específicas para mercados volátiles y otras para cuando el mercado es más tranquilo.

A medida que profundizamos en el tema de la volatilidad en los siguientes capítulos, veremos que hay formas de medirla, analizarla e incluso aprovecharla. No todo es caos. Existen herramientas y estrategias que permiten a los traders tomar decisiones informadas, basadas en patrones y análisis cuidadoso. La volatilidad, aunque impredecible en su naturaleza, tiene sus reglas, y aprender a entenderlas es clave para cualquier persona que quiera operar en estos mercados.

En resumen, la volatilidad es ese elemento que añade dinamismo a los mercados. Es el pulso que hace que los precios suban y bajen, a veces de manera impredecible, y es lo que permite a los traders más hábiles encontrar oportunidades en medio de la incertidumbre. Pero también es un recordatorio de que operar en mercados financieros no es solo cuestión de ganancias rápidas, sino de entender los riesgos y saber cuándo es el momento adecuado para entrar o salir. Y ese equilibrio, entre aprovechar la volatilidad y protegerse de ella, es lo que separa a los traders exitosos de los que solo persiguen la emoción del momento.

Identificación de Mercados Volátiles

Identificar un mercado volátil es como tratar de prever cuándo una tormenta está a punto de desatarse. No es algo que ocurra de la nada, siempre hay señales que lo anticipan, y aprender a leer esas señales es clave para cualquier trader que quiera navegar con éxito en estas aguas turbulentas. La volatilidad en los mercados no surge de un solo factor, sino de una combinación de elementos que juntos forman un entorno impredecible, donde los precios pueden moverse bruscamente hacia arriba o hacia abajo. En este capítulo, veremos cómo identificar estos mercados volátiles de forma clara y sencilla.

El primer paso para reconocer un mercado volátil es prestar atención a los movimientos inusuales en los precios. Si notas que un activo, ya sea una acción, una criptomoneda o una divisa, comienza a tener fluctuaciones más pronunciadas de lo normal, esa es una señal clara de volatilidad. Por ejemplo, si una acción que normalmente varía su precio en un 1% al día de repente comienza a oscilar en un 5% o más, es una advertencia de que algo está sucediendo. Estos movimientos bruscos pueden ser causados por una variedad de razones, desde noticias económicas hasta cambios en la política o incluso el simple comportamiento colectivo de los inversores.

Otro indicador importante para detectar mercados volátiles es el volumen de operaciones. El volumen se refiere a la cantidad de transacciones que se realizan en un mercado durante un periodo determinado. Cuando el volumen aumenta de manera significativa, generalmente significa que algo está atrayendo la atención de los inversores, lo que a su vez puede llevar a un aumento en la volatilidad. Piensa en el volumen como el nivel de ruido en una sala. Si el volumen es alto, es como si hubiera mucha gente hablando al mismo tiempo, lo que indica que algo importante está ocurriendo. En los mercados, cuando muchas personas compran y venden de manera frenética, los precios tienden a moverse con mayor rapidez, creando un entorno más volátil.

Los eventos económicos y políticos también juegan un papel crucial en la identificación de mercados volátiles. Anuncios como decisiones de tasas de interés por parte de los bancos centrales, reportes de ganancias de grandes empresas, o incluso eventos inesperados como una crisis internacional, pueden desencadenar volatilidad en los mercados. Por ejemplo, cuando una empresa anuncia resultados mucho mejores o peores de lo esperado, los precios de sus acciones pueden reaccionar de manera violenta, subiendo o bajando rápidamente. Del mismo modo, una decisión de un banco central de aumentar o reducir las tasas de interés puede generar movimientos abruptos en los mercados financieros, especialmente en los de divisas y bonos.

Una herramienta muy útil para identificar la volatilidad en los mercados es el índice de volatilidad, también conocido como el VIX. El VIX mide las expectativas de volatilidad en el mercado de acciones y es a menudo referido como el "índice del miedo". Cuando el VIX sube, generalmente significa que los inversores están anticipando movimientos más bruscos en los precios y, por lo tanto, mayor volatilidad. El VIX puede ser un excelente barómetro para evaluar si un mercado está entrando en una fase de inestabilidad o si, por el contrario, se espera que los precios se mantengan más estables.

Otro aspecto a considerar son las tendencias repentinas en los gráficos de precios. Los patrones técnicos pueden ofrecer pistas sobre cuándo un mercado está volviéndose volátil. Por ejemplo, si notas que los precios de un activo están formando picos y valles pronunciados en un corto periodo de tiempo, eso indica que los precios no están siguiendo un patrón estable y que la volatilidad está aumentando. Los traders técnicos a menudo utilizan herramientas como las bandas de Bollinger, que miden la volatilidad al observar cómo se están expandiendo o contrayendo los precios alrededor de una media móvil. Si las bandas se ensanchan, es una señal de que la volatilidad está aumentando.

Los mercados volátiles también suelen tener más "gaps", que son esos espacios en los gráficos donde el precio de un activo salta bruscamente de un nivel a otro sin pasar por los valores intermedios. Los gaps suelen aparecer después de eventos importantes o en la apertura de los mercados, cuando las noticias o los anuncios hechos fuera del horario de negociación causan una reacción instantánea en los precios. Si un activo presenta muchos gaps, especialmente hacia arriba y hacia abajo, es probable que te encuentres en un entorno volátil.

Finalmente, es importante estar atento al comportamiento del mercado en momentos de incertidumbre o pánico. Los mercados financieros, al igual que las personas, reaccionan ante el miedo y la incertidumbre de manera exagerada. Cuando los inversores no están seguros de lo que va a suceder, tienden a tomar decisiones impulsivas, lo que aumenta la volatilidad. Durante estos periodos, los mercados pueden moverse en direcciones opuestas de manera abrupta, y los precios pueden fluctuar sin una razón aparente. Este tipo de comportamiento irracional es otro indicador de que el mercado se ha vuelto volátil.

En resumen, identificar mercados volátiles requiere una combinación de observación atenta y el uso de herramientas clave. Los movimientos bruscos en los precios, el aumento del volumen de operaciones, los eventos económicos y políticos, y los indicadores técnicos como el VIX o las bandas de Bollinger, son todos factores que te ayudarán a detectar cuándo un mercado está entrando en una fase de alta volatilidad. Saber reconocer estos signos es esencial para cualquier trader, ya que te permitirá anticiparte a los cambios, ajustar tus estrategias y, sobre todo, protegerte de los riesgos que conlleva operar en entornos inestables. La clave está en estar siempre alerta, observar los patrones y no dejarse llevar por las emociones, porque en los mercados volátiles, el éxito radica en estar un paso por delante del caos.

Las Oportunidades en la Volatilidad

Cuando escuchamos la palabra "volatilidad", muchos piensan automáticamente en riesgo, caos y peligro. Y es cierto que los mercados volátiles pueden ser complicados y arriesgados, pero también es importante entender que en medio de toda esa turbulencia, hay oportunidades esperando a ser aprovechadas. De hecho, para muchos traders, la volatilidad es el escenario perfecto para hacer grandes movimientos y obtener beneficios significativos. Entonces, ¿cómo es posible ver oportunidades en un entorno que parece tan incierto? La clave está en comprender que los rápidos movimientos de los precios pueden ser tanto una ventaja como una desventaja, dependiendo de cómo los manejes.

La volatilidad crea oportunidades porque, cuando los precios cambian bruscamente en poco tiempo, existe la posibilidad de comprar un activo a un precio bajo y venderlo rápidamente a un precio más alto. Piensa en ello como en las subidas y bajadas de una montaña rusa. Si puedes subirte al carro en el momento adecuado, justo antes de que comience la subida, puedes disfrutar de una gran ganancia cuando llegues a la cima. En los mercados financieros, esto significa que si tienes la habilidad de predecir, o al menos intuir, cuándo un activo va a subir o bajar de manera significativa, puedes aprovechar esas fluctuaciones para aumentar tus ganancias.

Uno de los mayores atractivos de los mercados volátiles es que ofrecen la posibilidad de obtener beneficios en periodos de tiempo mucho más cortos que en mercados más estables. En un mercado estable, los precios tienden a moverse lentamente, y a menudo los traders deben esperar días, semanas o incluso meses para que una operación genere un rendimiento notable. En cambio, en un mercado volátil, esos movimientos pueden ocurrir en cuestión de minutos u horas. Esta velocidad puede ser increíblemente emocionante y lucrativa para aquellos que saben cómo moverse rápidamente y tomar decisiones basadas en el análisis de los movimientos del mercado.

Las estrategias de trading diseñadas específicamente para mercados volátiles suelen centrarse en capturar estas rápidas oportunidades de ganancia. Por ejemplo, el day trading y el swing trading son dos enfoques populares que buscan sacar partido de los movimientos de corto plazo en mercados inestables. El day trading implica comprar y vender activos en el mismo día, aprovechando las fluctuaciones de precios que ocurren durante las horas de mercado. En mercados volátiles, este enfoque puede ser particularmente efectivo, ya que los precios pueden moverse de manera considerable a lo largo de una sola sesión. Por otro lado, el swing trading implica mantener una posición durante unos pocos días o semanas, intentando capturar las oscilaciones más amplias que resultan de la volatilidad a corto y mediano plazo.

Otro aspecto que hace que los mercados volátiles sean atractivos es la posibilidad de aprovechar tanto los movimientos hacia arriba como hacia abajo. En mercados estables, la mayoría de los traders tienden a enfocarse en comprar barato y vender caro. Sin embargo, en un mercado volátil, no solo puedes ganar cuando los precios suben, sino también cuando bajan. Esto se logra a través de estrategias como la venta en corto, que permite a los traders obtener ganancias cuando el precio de un activo cae. En esencia, lo que haces es vender un activo que no posees, con la esperanza de comprarlo más tarde a un precio más bajo y quedarte con la diferencia. En mercados volátiles, donde las caídas pueden ser tan rápidas y pronunciadas como las subidas, esta estrategia puede ser una herramienta poderosa para generar ganancias incluso en medio del caos.

Además, la volatilidad puede abrir oportunidades en activos que normalmente no llamarían la atención. Cuando un mercado se vuelve volátil, no solo los grandes jugadores como las acciones de empresas tecnológicas o el mercado de divisas experimentan cambios. También los activos menos populares, como ciertas materias primas o acciones de empresas más pequeñas, pueden verse afectados y presentar oportunidades únicas. Los traders que se mantienen atentos y diversifican sus carteras pueden encontrar pequeñas joyas escondidas en estos activos poco conocidos que, gracias a la volatilidad, pueden generar rendimientos inesperados.

Otro aspecto interesante es que la volatilidad suele atraer a más participantes al mercado, lo que a su vez puede amplificar aún más las oportunidades. Cuando un mercado es estable, algunos traders e inversores pueden mostrarse indiferentes, esperando mejores momentos para actuar. Pero en cuanto la volatilidad se dispara, muchos entran al juego, creando más liquidez y oportunidades para aquellos que están preparados. Este aumento de la actividad también puede generar más información y patrones a seguir, lo que facilita el análisis del mercado para tomar decisiones más informadas.

Sin embargo, aunque las oportunidades en los mercados volátiles pueden ser tentadoras, es fundamental recordar que no todas las fluctuaciones son fáciles de predecir o aprovechar. Los mercados volátiles pueden ser increíblemente impredecibles, y los movimientos de precios que parecen indicar una tendencia clara pueden revertirse en cualquier momento. Aquí es donde entra en juego la gestión de riesgos. Para capitalizar las oportunidades en un mercado volátil, es esencial tener una estrategia sólida para limitar las pérdidas potenciales. Esto incluye el uso de órdenes de stop-loss, que permiten cerrar una operación automáticamente si el precio de un activo cae por debajo de un nivel predeterminado, y la diversificación, que ayuda a repartir el riesgo entre varios activos.

En resumen, los mercados volátiles ofrecen una gran cantidad de oportunidades para aquellos traders dispuestos a asumir los riesgos asociados. Los rápidos movimientos de precios, la posibilidad de obtener beneficios tanto en alzas como en caídas, y la capacidad de encontrar activos subvalorados son solo algunas de las ventajas que pueden hacer que la volatilidad sea atractiva. Pero, como siempre, el éxito en estos mercados depende de tener una estrategia bien pensada, mantenerse informado y no dejarse llevar por la emoción del momento. Si puedes dominar el arte de operar en mercados volátiles, las recompensas pueden ser inmensas, pero solo si sabes cómo aprovechar cada oportunidad con cautela y precisión.

Riesgos Asociados a la Volatilidad

La volatilidad, aunque puede ofrecer grandes oportunidades para los traders, también viene acompañada de una serie de riesgos que no deben tomarse a la ligera. De hecho, para muchos inversores, los riesgos asociados a la volatilidad son la razón principal por la que prefieren mantenerse alejados de estos mercados inestables. Cuando los precios de los activos se mueven con rapidez y de manera impredecible, el potencial de obtener ganancias rápidas va de la mano con la posibilidad de perder dinero de forma igualmente veloz. Es como caminar por la cuerda floja: la recompensa puede ser grande si logras llegar al otro lado, pero el riesgo de caer siempre está presente.

Uno de los mayores riesgos en los mercados volátiles es la posibilidad de sufrir grandes pérdidas en muy poco tiempo. En un mercado relativamente estable, los cambios en los precios suelen ser graduales, lo que da tiempo a los traders para reaccionar y ajustar sus posiciones. Sin embargo, en un mercado volátil, los precios pueden moverse de manera tan brusca que, antes de que te des cuenta, ya puedes estar enfrentando una pérdida considerable. Imagina que has comprado acciones de una empresa esperando que suban, pero de repente, debido a una noticia inesperada, el precio se desploma en cuestión de minutos. Si no actúas con rapidez, podrías perder una gran parte de tu inversión en un abrir y cerrar de ojos.

Otro riesgo común es el "ruido" del mercado. En un entorno volátil, los precios de los activos pueden moverse de forma aleatoria, sin seguir patrones claros. Esto puede hacer que sea extremadamente difícil para los traders tomar decisiones informadas. A menudo, los movimientos repentinos de los precios no tienen una causa aparente y pueden estar motivados simplemente por el pánico o la emoción de otros inversores. Este tipo de comportamiento caótico puede llevar a tomar decisiones precipitadas, como comprar o vender basándose en una falsa alarma, lo que a su vez puede resultar en pérdidas significativas. En resumen, los mercados volátiles son propensos a generar distracciones y movimientos engañosos, lo que puede hacer que los traders tomen malas decisiones.

La volatilidad también puede aumentar el riesgo de sobreexposición. En su afán por aprovechar las rápidas fluctuaciones de precios, algunos traders pueden caer en la tentación de arriesgar más capital del que deberían. El problema es que, en un mercado volátil, incluso las operaciones que parecen seguras pueden volverse en tu contra de manera repentina. Si un trader pone demasiado dinero en una sola operación esperando una gran ganancia, y el mercado cambia de dirección inesperadamente, las pérdidas pueden ser devastadoras. Este tipo de sobreexposición puede hacer que un solo error o movimiento inesperado borre semanas o meses de ganancias.

La volatilidad también tiende a aumentar el uso del apalancamiento, que puede ser tanto una herramienta poderosa como una espada de doble filo. El apalancamiento permite a los traders operar con más dinero del que realmente tienen, lo que aumenta tanto el potencial de ganancias como el de pérdidas. En un mercado estable, el apalancamiento puede ser una forma útil de aumentar los rendimientos. Sin embargo, en un mercado volátil, donde los precios pueden moverse bruscamente en ambas direcciones, el apalancamiento puede convertirse en una trampa peligrosa. Si los precios se mueven en contra de tu posición, podrías perder más de lo que originalmente invertiste, lo que podría llevarte a una deuda considerable o incluso a la quiebra en casos extremos.

Otro riesgo a considerar en mercados volátiles es el impacto emocional. La volatilidad puede generar un ambiente de estrés y presión constante, lo que puede llevar a los traders a actuar de manera impulsiva o emocional. Cuando los precios suben y bajan rápidamente, es fácil dejarse llevar por el pánico o la codicia, lo que a menudo resulta en decisiones irracionales. Por ejemplo, un trader puede ver cómo una inversión pierde valor rápidamente y, presa del miedo, vender a un precio bajo solo para ver cómo el mercado se recupera poco después. Del mismo modo, un trader que ve que sus activos suben rápidamente puede volverse demasiado confiado y arriesgar más capital de lo necesario, solo para ver cómo el mercado gira en su contra de manera inesperada. El control emocional es crucial en un entorno volátil, y la falta de este control puede amplificar enormemente los riesgos.

Además, en los mercados volátiles, existe el riesgo de quedarse atrapado en una posición sin liquidez. Cuando los precios se mueven rápidamente, especialmente en activos menos líquidos, puede ser difícil encontrar compradores o vendedores dispuestos a ejecutar tu operación al precio deseado. Esto puede significar que, incluso si deseas salir de una posición para limitar tus pérdidas, podrías no encontrar a alguien dispuesto a comprar tus activos, lo que te dejaría atrapado en una situación de pérdida sin poder reaccionar. La falta de liquidez puede aumentar considerablemente las pérdidas en un mercado volátil, ya que no siempre tendrás la opción de salir cuando más lo necesites.

La ampliación de los spreads también es un riesgo importante en mercados volátiles. El spread es la diferencia entre el precio de compra y el precio de venta de un activo. En tiempos de estabilidad, los spreads tienden a ser relativamente pequeños, lo que facilita la entrada y salida de posiciones. Sin embargo, en momentos de alta volatilidad, los spreads pueden ampliarse drásticamente, lo que significa que podrías pagar un precio más alto al comprar y recibir un precio más bajo al vender. Esto puede aumentar los costos de transacción y reducir las ganancias, o incluso convertir una operación que parecía rentable en una con pérdidas.

Por último, pero no menos importante, está el riesgo de la información incorrecta o desactualizada. En un mercado volátil, las noticias y la información relevante se mueven rápidamente, y los traders que no tienen acceso a la información más actualizada pueden tomar decisiones basadas en datos obsoletos. En un entorno donde los precios pueden cambiar en cuestión de segundos, operar con información atrasada puede llevar a pérdidas significativas. Además, en tiempos de alta volatilidad, los rumores y la desinformación tienden a circular con mayor frecuencia, lo que puede confundir a los traders y llevarlos a actuar de manera errónea.

En resumen, aunque la volatilidad ofrece muchas oportunidades, también está cargada de riesgos considerables. Las grandes pérdidas en cortos periodos de tiempo, el ruido del mercado, la sobreexposición, el uso indebido del apalancamiento, la falta de control emocional, la falta de liquidez, la ampliación de los spreads y la información incorrecta son todos factores que pueden jugar en contra de un trader en mercados volátiles. La clave para operar con éxito en estos entornos es reconocer estos riesgos, tener un plan claro para gestionarlos y, sobre todo, no dejarse llevar por el pánico o la euforia del momento. Solo así se puede encontrar un equilibrio entre aprovechar las oportunidades y protegerse de los peligros que acompañan a la volatilidad.

Técnicas para Operar en Mercados Volátiles

Operar en mercados volátiles requiere no solo de una gran habilidad y conocimiento, sino también de una estrategia clara y bien definida. En este tipo de entornos, donde los precios de los activos pueden moverse con rapidez e imprevisibilidad, es esencial contar con técnicas que permitan a los traders proteger su capital y, al mismo tiempo, aprovechar las oportunidades que surgen de la volatilidad. Existen diversas técnicas que los traders pueden emplear para navegar con éxito en estos mercados inestables. Algunas de estas técnicas se centran en la gestión de riesgos, mientras que otras se enfocan en cómo maximizar las ganancias potenciales. Aquí te explicaré algunas de las más efectivas.

Una de las técnicas más básicas y fundamentales para operar en mercados volátiles es la gestión adecuada del riesgo. Esto implica, en primer lugar, no poner en juego más dinero del que estés dispuesto a perder. Aunque esta parece una regla sencilla, es sorprendente cuántos traders la olvidan cuando ven la posibilidad de obtener grandes beneficios en un mercado que sube y baja rápidamente. La regla general es no arriesgar más del 1% al 2% de tu capital total en una sola operación. De esta manera, incluso si las cosas no salen como esperas, podrás absorber las pérdidas sin que afecten drásticamente tu cuenta. La gestión de riesgos no solo se trata de limitar las pérdidas, sino también de asegurarse de que puedas seguir operando a largo plazo.

Otra técnica importante es el uso de órdenes de stop-loss. En un mercado volátil, los precios pueden cambiar de dirección en cuestión de segundos, y si no tienes un plan para limitar tus pérdidas, podrías terminar perdiendo más dinero del que pensabas. Una orden de stop-loss es una herramienta que te permite establecer un precio en el que tu posición se cerrará automáticamente si el mercado se mueve en tu contra. Por ejemplo, si compras una acción a 100 dólares, podrías establecer un stop-loss en 95 dólares. Si el precio cae a ese nivel, tu posición se venderá automáticamente, limitando tus pérdidas a solo 5 dólares por acción. En mercados volátiles, donde los movimientos bruscos son comunes, las órdenes de stop-loss pueden ser un salvavidas.

Además del stop-loss, algunos traders también utilizan órdenes de take-profit, que funcionan de manera opuesta. Mientras que el stop-loss cierra tu posición si el precio cae demasiado, el take-profit lo hace si el precio sube lo suficiente para asegurar una ganancia. Esto es útil en mercados volátiles, ya que evita que te quedes demasiado tiempo en una posición ganadora que podría revertirse rápidamente. Por ejemplo, si compras una acción a 100 dólares y estableces un take-profit en 110 dólares, tu posición se cerrará automáticamente cuando el precio alcance ese nivel, garantizando una ganancia de 10 dólares por acción antes de que el mercado pueda girar en tu contra.

Otra técnica comúnmente utilizada en mercados volátiles es la diversificación de la cartera. En lugar de poner todo tu dinero en un solo activo o sector, la diversificación implica distribuir tu capital entre diferentes tipos de activos. Esto puede incluir acciones, bonos, divisas, materias primas e incluso criptomonedas. Al hacerlo, reduces el riesgo de sufrir grandes pérdidas si un solo activo o mercado se vuelve extremadamente volátil. La idea detrás de la diversificación es que, si un activo está en baja, es posible que otro esté subiendo, lo que ayuda a equilibrar tu cartera y a protegerte de los movimientos extremos del mercado.

El trading con margen es otra técnica que algunos traders utilizan para operar en mercados volátiles, pero conlleva un gran riesgo. El margen te permite pedir prestado dinero para operar, lo que amplifica tanto tus ganancias como tus pérdidas. Si bien esta técnica puede ser extremadamente rentable en mercados volátiles, también puede generar grandes pérdidas si el mercado se mueve en tu contra. Por esta razón, el trading con margen solo debe ser utilizado por traders experimentados que tengan una sólida comprensión de los riesgos involucrados. En un mercado volátil, es fácil verse atrapado en movimientos rápidos que pueden borrar una cuenta apalancada en cuestión de minutos.

El análisis técnico es otra técnica muy valiosa para operar en mercados volátiles. Este enfoque implica el uso de gráficos, patrones y otros indicadores para predecir cómo se moverán los precios en el futuro. Algunos de los indicadores técnicos más utilizados en mercados volátiles incluyen las bandas de Bollinger, el índice de fuerza relativa (RSI) y los promedios móviles. Las bandas de Bollinger, por ejemplo, miden la volatilidad del mercado al mostrar la distancia entre el precio actual de un activo y su promedio móvil. Cuando las bandas se ensanchan, significa que la volatilidad está aumentando, lo que puede ser una señal de que se avecinan movimientos importantes. Los traders pueden utilizar este tipo de información para decidir cuándo entrar o salir de una operación.

El análisis de las noticias y los eventos macroeconómicos también es crucial en mercados volátiles. Los grandes movimientos de precios a menudo son provocados por noticias inesperadas, como informes económicos, cambios en la política gubernamental o eventos globales, como desastres naturales o crisis políticas. Estar al tanto de las noticias y eventos actuales puede ayudarte a anticipar la volatilidad y ajustar tus operaciones en consecuencia. Por ejemplo, si sabes que un informe económico clave se publicará pronto, podrías optar por no operar en ese momento para evitar la volatilidad asociada. O bien, podrías aprovechar la oportunidad para operar en función de los resultados del informe.

La paciencia es otra técnica esencial para operar en mercados volátiles. Aunque puede ser tentador saltar a cada movimiento de precios, a menudo es mejor esperar a que el mercado te dé una señal clara antes de actuar. En un entorno volátil, los movimientos de precios pueden ser erráticos y engañosos, y actuar por impulso puede llevar a malas decisiones. Esperar a que se confirme una tendencia antes de entrar en una operación puede ayudarte a evitar muchas trampas del mercado. Recuerda que no siempre es necesario estar operando. A veces, la mejor estrategia es simplemente observar y esperar el momento adecuado para actuar.

Otra técnica es reducir el tamaño de las posiciones cuando el mercado se vuelve más volátil de lo habitual. En lugar de operar con grandes sumas de dinero, operar con posiciones más pequeñas puede ayudarte a reducir el riesgo y a manejar mejor las fluctuaciones del mercado. Esto es especialmente útil en mercados extremadamente volátiles, donde los movimientos de precios pueden ser impredecibles y rápidos. Al reducir el tamaño de tus posiciones, limitas tu exposición y te das más margen para maniobrar en caso de que las cosas no salgan como esperabas.

Finalmente, una de las técnicas más importantes para operar en mercados volátiles es mantener la calma y no dejarse llevar por las emociones. La volatilidad puede provocar tanto miedo como euforia, y es fácil tomar decisiones impulsivas cuando los precios suben o bajan rápidamente. Sin embargo, actuar por emoción en lugar de basarse en una estrategia sólida es una receta para el desastre. Es crucial que mantengas la disciplina y sigas tu plan de trading, incluso cuando el mercado parece moverse en contra de ti. Recuerda que la volatilidad es parte del juego, y los traders exitosos son aquellos que saben cómo mantenerse firmes en medio del caos.

En resumen, operar en mercados volátiles requiere una combinación de técnicas bien pensadas y disciplina. Desde la gestión del riesgo y el uso de órdenes de stop-loss, hasta el análisis técnico y la diversificación de la cartera, hay muchas herramientas a disposición de los traders que buscan aprovechar la volatilidad sin ser superados por ella. Aunque estos mercados pueden ser difíciles de navegar, con la estrategia adecuada y un enfoque racional, es posible no solo sobrevivir, sino también prosperar en medio de la volatilidad.

45

Gestión de Riesgos en Mercados Inestables

La gestión de riesgos es quizás la parte más importante de operar en mercados inestables. En un entorno donde los precios pueden subir y bajar de manera inesperada, el riesgo de perder dinero aumenta considerablemente. No importa cuán experimentado seas como trader, o cuán bien creas que entiendes el mercado, si no tienes una estrategia sólida para gestionar el riesgo, estás expuesto a pérdidas significativas. El objetivo de la gestión de riesgos no es evitar el riesgo por completo, ya que eso es imposible en el trading, sino asegurarse de que puedas limitar las pérdidas y seguir operando a largo plazo.

Lo primero que debes hacer cuando se trata de gestionar el riesgo es establecer un límite claro de cuánto estás dispuesto a perder en cada operación. Este es un principio básico, pero es algo que muchos traders pasan por alto, especialmente cuando las cosas parecen ir bien o cuando creen que pueden "recuperar" lo perdido. La regla general que utilizan muchos traders exitosos es no arriesgar más del 1% al 2% de su capital en cualquier operación. Esto significa que, incluso si una operación va completamente en tu contra, tus pérdidas serán lo suficientemente pequeñas como para que no afecten drásticamente tu cuenta. Por ejemplo, si tienes una cuenta con 10,000 dólares, no deberías arriesgar más de 100 a 200 dólares en una sola operación. De esta manera, si tienes una racha perdedora, aún tendrás suficiente capital para seguir operando y recuperarte.

Otra técnica esencial para la gestión de riesgos en mercados inestables es el uso de órdenes de stop-loss. Un stop-loss es una herramienta que te permite establecer un límite automático en cuánto estás dispuesto a perder en una operación. Si el mercado se mueve en tu contra y alcanza el precio que has establecido como tu stop-loss, tu posición se cerrará automáticamente. Esto es crucial en mercados volátiles, donde los precios pueden moverse rápidamente y no siempre tendrás la oportunidad de cerrar una operación manualmente. El stop-loss actúa como una red de seguridad, protegiéndote de pérdidas mayores a las que estás dispuesto a asumir. La clave para utilizar los stop-loss de manera efectiva es colocarlos en puntos estratégicos, lo suficientemente alejados del precio actual para dar espacio al mercado a fluctuar, pero no tan lejos como para permitir pérdidas significativas.

Además de los stop-loss, algunas personas utilizan las órdenes de take-profit como parte de su estrategia de gestión de riesgos. Mientras que el stop-loss se enfoca en limitar las pérdidas, el take-profit se centra en asegurar ganancias antes de que el mercado pueda girar en tu contra. En un mercado inestable, los precios pueden cambiar de dirección con rapidez, y puede ser tentador quedarse en una operación ganadora esperando más beneficios. Sin embargo, esto también puede ser arriesgado, ya que una ganancia no realizada puede desaparecer rápidamente si el mercado cambia de rumbo. Al establecer un nivel de take-profit, te aseguras de que cuando el precio alcance un punto favorable, tu operación se cerrará automáticamente y garantizarás una ganancia sin importar lo que suceda después. Esta técnica puede ayudarte a mantener un enfoque disciplinado, evitando el riesgo de volverte demasiado codicioso.

Otra parte clave de la gestión de riesgos es la diversificación. La diversificación implica no poner todo tu dinero en un solo activo o mercado. En lugar de concentrar tu capital en una sola operación, distribuyes tu dinero en diferentes activos o tipos de mercado. Esto puede incluir acciones, divisas, materias primas o incluso criptomonedas. El objetivo de la diversificación es reducir el riesgo de grandes pérdidas si un solo mercado o activo experimenta una volatilidad extrema. Por ejemplo, si inviertes todo tu capital en acciones de tecnología y ese sector sufre una caída repentina, podrías perder una gran parte de tu dinero. Sin embargo, si tienes una cartera diversificada que incluye acciones de tecnología, bonos, divisas y materias primas, las pérdidas en un área pueden verse compensadas por ganancias en otras. La diversificación es como un colchón que suaviza los golpes del mercado, distribuyendo el riesgo en lugar de concentrarlo.

La reducción del tamaño de las posiciones es otra estrategia eficaz de gestión de riesgos en mercados inestables. Cuando el mercado se vuelve extremadamente volátil, una buena práctica es reducir la cantidad de dinero que pones en cada operación. Esto te permite limitar el impacto de cualquier movimiento repentino en el mercado. Por ejemplo, si normalmente inviertes 10,000 dólares en una operación, podrías reducir esa cantidad a 5,000 o incluso menos durante periodos de alta volatilidad. De esta manera, si el mercado se mueve en tu contra, tus pérdidas serán menores. Esta técnica es particularmente útil cuando el mercado muestra movimientos impredecibles y no está claro hacia dónde se dirigirá. Al operar con posiciones más pequeñas, te das más margen de maniobra y reduces el riesgo general de tu cuenta.

La utilización del apalancamiento es una espada de doble filo en los mercados inestables. El apalancamiento te permite operar con más dinero del que realmente tienes, lo que puede amplificar tanto tus ganancias como tus pérdidas. En mercados estables, el apalancamiento puede ser una herramienta útil para aumentar tus rendimientos. Sin embargo, en mercados volátiles, el apalancamiento puede aumentar significativamente el riesgo de sufrir grandes pérdidas. Si el mercado se mueve en tu contra, podrías perder más de lo que has invertido, y esto puede llevar a un colapso financiero rápido. Por esta razón, es recomendable reducir el uso del apalancamiento durante periodos de volatilidad alta, o eliminarlo por completo si no estás completamente seguro de cómo manejarlo. La prudencia es fundamental cuando se trata de apalancamiento en mercados inestables.

El control emocional es también una parte esencial de la gestión de riesgos en estos entornos. Los mercados volátiles pueden generar una montaña rusa emocional, con subidas y bajadas constantes que pueden hacer que los traders tomen decisiones precipitadas. El miedo y la codicia son emociones que, si no se manejan adecuadamente, pueden llevar a decisiones equivocadas. Por ejemplo, el miedo puede hacer que cierres una posición con pérdidas demasiado pronto, mientras que la codicia puede hacer que te aferres a una posición ganadora durante demasiado tiempo, solo para ver cómo el mercado gira en tu contra. La clave para manejar estas emociones es tener un plan claro y apegarte a él, sin importar lo que esté sucediendo en el mercado. Al tener una estrategia definida, puedes evitar tomar decisiones impulsivas basadas en emociones momentáneas.

Otra técnica eficaz en la gestión de riesgos es mantenerse informado sobre los factores que pueden influir en la volatilidad del mercado. Los eventos macroeconómicos, las decisiones políticas y las noticias importantes pueden tener un impacto significativo en los mercados. Estar al tanto de las noticias y de los eventos económicos clave puede ayudarte a anticipar los movimientos del mercado y ajustar tus operaciones en consecuencia. Por ejemplo, si sabes que un informe económico importante se publicará en los próximos días, podrías optar por no operar o por reducir el tamaño de tus posiciones para evitar la volatilidad que podría surgir tras el informe. La preparación y la anticipación son esenciales para gestionar el riesgo de manera efectiva en mercados volátiles.

Finalmente, una estrategia clave en la gestión de riesgos es saber cuándo no operar. En mercados extremadamente inestables, a veces la mejor opción es simplemente quedarse al margen y esperar a que las condiciones mejoren. Muchos traders sienten la necesidad de estar constantemente en el mercado, pero operar en condiciones de alta volatilidad sin una estrategia clara puede ser más perjudicial que beneficioso. Tomarse un respiro y analizar el mercado con calma puede darte una perspectiva más clara y evitar que tomes decisiones impulsivas. Saber cuándo no operar es tan importante como saber cuándo hacerlo.

En resumen, la gestión de riesgos en mercados inestables es fundamental para cualquier trader que desee sobrevivir y prosperar en estos entornos. Desde establecer límites claros de pérdidas y usar órdenes de stop-loss, hasta diversificar tu cartera y controlar tus emociones, hay una variedad de técnicas que puedes utilizar para proteger tu capital. Si bien la volatilidad puede ofrecer oportunidades emocionantes, también viene con riesgos considerables, y la clave para tener éxito es asegurarte de que esos riesgos estén controlados. Al implementar una gestión de riesgos efectiva, puedes navegar los mercados inestables con mayor confianza y minimizar las pérdidas, asegurando que estarás en una buena posición para aprovechar las oportunidades cuando surjan.

Psicología del Trading en Mercados Volátiles

La psicología del trading es un aspecto fundamental para tener éxito en los mercados financieros, y cuando se trata de operar en mercados volátiles, su importancia se magnifica aún más. La volatilidad, con sus rápidos cambios de precio y movimientos inesperados, puede desencadenar una montaña rusa emocional en cualquier trader, desde el más novato hasta el más experimentado. Mantener la calma, tomar decisiones racionales y evitar que las emociones controlen nuestras acciones es un desafío constante. En este capítulo vamos a explorar cómo la psicología juega un papel clave en los mercados volátiles y cómo puedes entrenar tu mente para navegar mejor en estos entornos de incertidumbre.

Uno de los mayores retos psicológicos en el trading de mercados volátiles es el miedo. El miedo es una emoción natural que todos los seres humanos experimentan, y cuando se trata de dinero, ese miedo puede intensificarse. En los mercados volátiles, donde los precios pueden caer bruscamente en cuestión de minutos, el miedo a perder dinero puede llevar a tomar decisiones apresuradas e irracionales.

Por ejemplo, podrías cerrar una operación con pérdidas solo porque temes que el mercado siga bajando, sin considerar si hay fundamentos que respalden esa decisión. El miedo puede hacer que te retires demasiado pronto de una operación, perdiendo la oportunidad de que el mercado se recupere y de obtener beneficios.

Por otro lado, está la codicia. La codicia es la contraparte del miedo y también puede ser extremadamente perjudicial en mercados volátiles. En medio de rápidos movimientos alcistas, es fácil sentirse eufórico y pensar que los precios seguirán subiendo sin cesar. Esta emoción puede llevar a muchos traders a mantener posiciones ganadoras durante demasiado tiempo, esperando obtener más ganancias, solo para ver cómo el mercado se revierte de repente y esas ganancias desaparecen. La codicia te lleva a tomar riesgos innecesarios, a sobreapalancarte, o a ignorar señales claras de que deberías salir de una operación. Controlar la codicia es esencial para mantener la disciplina y no dejarse llevar por los impulsos.

El trading en mercados volátiles también puede generar lo que se conoce como "parálisis por análisis". Este término se refiere a la incapacidad de tomar decisiones debido a la sobrecarga de información. En un entorno de alta volatilidad, los traders suelen enfrentarse a una avalancha de datos, gráficos y noticias que pueden resultar abrumadores. Cuanto más volátil es el mercado, más difícil se vuelve procesar toda esa información de manera efectiva. La parálisis por análisis puede hacer que pierdas oportunidades valiosas simplemente porque no puedes decidir si entrar o salir de una operación. El miedo a equivocarte o tomar una decisión incorrecta puede hacer que te quedes estancado, sin actuar, mientras el mercado sigue moviéndose.

Uno de los errores psicológicos más comunes en los mercados volátiles es la necesidad de "vengarse" del mercado después de una pérdida. Este comportamiento es peligroso porque lleva a tomar decisiones impulsivas y mal pensadas, con el objetivo de recuperar rápidamente lo perdido. Imagina que has tenido una mala operación y has perdido dinero; el instinto inmediato podría ser abrir otra operación rápidamente para intentar recuperar lo que perdiste. Sin embargo, operar por venganza suele llevar a decisiones poco racionales y, en la mayoría de los casos, a más pérdidas. En mercados volátiles, donde los movimientos pueden ser impredecibles, este tipo de impulsividad es especialmente peligroso.

Para manejar la psicología del trading en mercados volátiles, es crucial desarrollar una mentalidad basada en la disciplina y la paciencia. La disciplina es lo que te permitirá seguir tu plan de trading, incluso cuando el mercado esté agitado y las emociones estén a flor de piel. Parte de esa disciplina implica tener un plan claro antes de entrar en cualquier operación: saber cuánto estás dispuesto a perder, cuánto esperas ganar y cuándo saldrás, sin importar lo que esté sucediendo en el mercado en ese momento. Un trader disciplinado no se deja llevar por el pánico ni por la euforia; simplemente sigue su estrategia, confiando en que, a largo plazo, el plan bien estructurado generará resultados positivos.

La paciencia es otra virtud clave en el trading de mercados volátiles. En momentos de alta volatilidad, es fácil sentirse ansioso por entrar en una operación para aprovechar los rápidos movimientos del mercado. Sin embargo, a menudo es mejor esperar a que se presenten señales claras antes de actuar. La paciencia te permite evitar tomar decisiones impulsivas y te ayuda a mantener la calma en medio de la incertidumbre. Muchos traders creen que deben estar constantemente operando para ganar dinero, pero en realidad, a veces la mejor decisión es no hacer nada y esperar a que las condiciones del mercado sean más favorables.

Otro aspecto importante de la psicología del trading en mercados volátiles es aceptar que las pérdidas son parte del juego. En cualquier tipo de trading, las pérdidas son inevitables, pero en mercados volátiles, donde los cambios bruscos de precio son más comunes, las pérdidas pueden ser más frecuentes. Aceptar esto de antemano te permitirá lidiar mejor con las emociones negativas que vienen con una operación fallida. En lugar de obsesionarte con cada pérdida, deberías aprender a verla como una parte natural del proceso. Lo importante es que tus ganancias, a lo largo del tiempo, superen a tus pérdidas. Desarrollar una mentalidad donde aceptes las pérdidas te permitirá seguir operando sin cargar con el peso emocional de una mala racha.

El autocontrol emocional es otro pilar de la psicología del trading. El mercado no tiene emociones, pero los traders sí, y es muy fácil dejarse influenciar por lo que está sucediendo en tiempo real. Si permites que las emociones te controlen, es probable que tomes decisiones erróneas. Para evitar esto, es importante tener prácticas que te ayuden a mantener la calma y el enfoque. Algunos traders encuentran útil practicar la meditación o ejercicios de respiración para relajarse y reducir el estrés. Otros prefieren tomar pequeños descansos durante el día para despejar la mente y evitar que el estrés acumulado afecte sus decisiones. Lo más importante es que encuentres lo que funciona para ti y te ayude a mantener una mentalidad serena.

Un enfoque psicológico efectivo en mercados volátiles es pensar en el trading como un maratón, no como una carrera de velocidad. Los traders exitosos entienden que el éxito no se trata de ganar en cada operación, sino de construir una trayectoria consistente a lo largo del tiempo. En los mercados volátiles, donde los cambios de precio pueden ser dramáticos, es fácil sentirse presionado para obtener resultados rápidos. Sin embargo, mantener una perspectiva a largo plazo te ayudará a evitar tomar decisiones apresuradas y a mantener la calma cuando el mercado no se comporte como esperabas. Tener una mentalidad de largo plazo también te permite ver más allá de las pérdidas a corto plazo y centrarte en tu éxito general como trader.

Otra herramienta psicológica útil en mercados volátiles es la confianza en ti mismo y en tu plan de trading. En momentos de alta volatilidad, es fácil dudar de ti mismo y de tus decisiones, especialmente si el mercado está en contra de ti. Sin embargo, la duda puede ser paralizante y llevar a decisiones impulsivas. Si has hecho tu investigación, si has desarrollado una estrategia sólida y tienes un plan claro, es importante confiar en ello. La confianza no significa ser arrogante o ignorar las señales del mercado, sino creer en tu capacidad para tomar decisiones bien informadas. Esa confianza te permitirá mantener la calma incluso en los momentos más turbulentos.

Por último, es crucial tener un sistema de apoyo. El trading puede ser una actividad solitaria, y en momentos de volatilidad extrema, es fácil sentirse aislado. Hablar con otros traders, compartir experiencias y aprender de los demás puede ser una gran ayuda para mantener el equilibrio emocional. Ya sea a través de foros, redes sociales o grupos de traders, tener una comunidad con la que puedas discutir tus operaciones y emociones te dará una perspectiva más amplia y reducirá la presión de tomar decisiones solo. Además, escuchar las experiencias de otros puede ayudarte a aprender nuevas estrategias y formas de manejar la volatilidad desde un punto de vista emocional.

En conclusión, la psicología del trading en mercados volátiles es un factor determinante para el éxito. Las emociones como el miedo y la codicia pueden influir negativamente en tus decisiones, pero con disciplina, paciencia, control emocional y una mentalidad de largo plazo, puedes navegar estos mercados de manera más efectiva. Aceptar las pérdidas, confiar en tu plan y rodearte de una comunidad de apoyo te permitirá mantener la calma incluso cuando el mercado esté en su momento más inestable. Recuerda que el trading no solo es una cuestión de habilidades técnicas, sino también de la capacidad de controlar tu mente en las situaciones más desafiantes.

Cuándo Abandonar un Mercado Volátil

Saber cuándo abandonar un mercado volátil es una de las decisiones más difíciles, pero también más cruciales, que un trader debe enfrentar. A menudo, la tentación de continuar operando en un mercado agitado puede ser grande, ya sea por la esperanza de que la situación mejore o por el miedo a perder una posible oportunidad. Sin embargo, los mercados volátiles no siempre ofrecen condiciones favorables, y en muchos casos, quedarse demasiado tiempo puede resultar en grandes pérdidas. En este capítulo, vamos a explorar los momentos clave en los que debes considerar retirarte de un mercado volátil y las señales que indican que es hora de dar un paso atrás.

El primer indicio de que es hora de abandonar un mercado volátil es cuando la volatilidad comienza a superar tu capacidad para manejarla emocionalmente. Los mercados volátiles generan cambios rápidos y a veces violentos en los precios, lo que puede aumentar el estrés y la ansiedad de cualquier trader. Si te encuentras operando con miedo o sintiéndote abrumado por la rapidez con la que los precios cambian, es una señal de que puede ser el momento de detenerte. El trading bajo presión emocional rara vez resulta en decisiones racionales. Si notas que tus emociones están influyendo en tus operaciones, o si te sientes tentado a hacer movimientos impulsivos, lo mejor es tomar una pausa y salir del mercado hasta que recuperes el control de tus emociones.

Otro momento para considerar abandonar un mercado volátil es cuando te das cuenta de que estás operando sin un plan claro. La volatilidad puede hacer que te dejes llevar por la inmediatez de los movimientos y que te olvides de tu estrategia original. Si te encuentras entrando y saliendo de operaciones sin un análisis adecuado, simplemente siguiendo el flujo del mercado, es probable que estés tomando decisiones basadas en el corto plazo, lo que aumenta las probabilidades de cometer errores. Operar sin una estrategia definida en un entorno volátil es peligroso, ya que la velocidad de los movimientos puede hacer que pierdas dinero rápidamente. Si te das cuenta de que estás improvisando, es momento de alejarte, reevaluar tu estrategia y esperar a que las condiciones del mercado sean más estables.

Uno de los errores más comunes en los mercados volátiles es operar con la esperanza de recuperar pérdidas, lo que puede llevar a un ciclo vicioso de pérdidas aún mayores. Si has tenido una serie de operaciones perdedoras, la tentación de "vengarte" del mercado puede ser fuerte, pero este comportamiento rara vez da buenos resultados. Los mercados volátiles no son el lugar adecuado para tratar de recuperar lo perdido rápidamente. En lugar de asumir más riesgos en un entorno ya inestable, es mejor aceptar las pérdidas, cerrar tus posiciones y esperar a que las condiciones mejoren. Si sigues operando solo para intentar recuperar el dinero perdido, lo más probable es que termines tomando decisiones precipitadas, lo que te llevará a perder aún más.

Otra señal clara de que es hora de retirarte de un mercado volátil es cuando la volatilidad es excesiva en relación con tu tolerancia al riesgo. Cada trader tiene un nivel diferente de riesgo que está dispuesto a asumir, y los mercados volátiles pueden poner a prueba esos límites. Si las fluctuaciones en los precios son demasiado grandes para lo que puedes soportar psicológicamente o para lo que tu cuenta puede manejar, es prudente salir del mercado antes de que se produzcan pérdidas significativas. Esto no significa que no puedas volver a operar en ese mercado más adelante, pero es importante reconocer cuándo el riesgo supera tu capacidad de gestionarlo. Mantener una disciplina firme en cuanto a la cantidad de riesgo que estás dispuesto a asumir es crucial para evitar situaciones que puedan comprometer tu capital de manera irreversible.

A veces, la volatilidad en el mercado está vinculada a eventos externos que son difíciles de predecir o de controlar. Noticias inesperadas, como un cambio en las políticas económicas de un país, una crisis financiera o un desastre natural, pueden desencadenar un aumento abrupto en la volatilidad del mercado. Si te das cuenta de que el mercado está reaccionando a eventos que están fuera de tu control o de tu capacidad de análisis, es un buen momento para salir. Operar en un entorno donde las decisiones no están basadas en datos o patrones predecibles, sino en reacciones emocionales del mercado ante noticias inesperadas, aumenta considerablemente el riesgo. En estos casos, lo más sensato es esperar a que el polvo se asiente y que el mercado vuelva a niveles más normales de comportamiento.

Abandonar un mercado volátil también es una opción válida cuando te das cuenta de que no entiendes completamente lo que está sucediendo. La volatilidad puede crear un entorno caótico en el que los precios parecen moverse sin ninguna lógica aparente. Si sientes que no puedes identificar las razones detrás de los movimientos del mercado, o si los patrones que solías seguir ya no parecen tener sentido, es mejor dar un paso atrás. Operar en un mercado que no entiendes es como conducir en una carretera sin saber a dónde te diriges. En lugar de seguir avanzando a ciegas, es mejor detenerte, reevaluar la situación y esperar a que el mercado vuelva a comportarse de manera más predecible.

Una buena práctica es establecer límites claros antes de entrar en un mercado volátil. Estos límites pueden incluir un umbral máximo de pérdidas que estés dispuesto a tolerar o un nivel específico de volatilidad en el que te sientas cómodo operando. Si el mercado alcanza alguno de esos límites, debes tener la disciplina de cumplir con tu plan y retirarte. Muchos traders caen en la trampa de pensar que "solo una operación más" les permitirá recuperar lo perdido o aprovechar una última oportunidad. Sin embargo, quedarse más tiempo del planeado en un mercado volátil puede ser un error costoso. Establecer límites claros y respetarlos es una forma efectiva de proteger tu capital y evitar pérdidas innecesarias.

Finalmente, una de las razones más importantes para abandonar un mercado volátil es para proteger tu bienestar emocional y mental. El trading, especialmente en mercados volátiles, puede ser agotador y estresante. Si te das cuenta de que el trading está afectando negativamente tu salud mental, causando ansiedad, frustración o agotamiento, es hora de parar. Operar en condiciones de estrés no solo es perjudicial para tu salud, sino que también puede llevarte a tomar malas decisiones.

Tomarte un descanso del mercado, aunque sea por un tiempo breve, puede ayudarte a recuperar la perspectiva y a volver con una mente más clara y enfocada. A veces, alejarse del mercado es la decisión más inteligente que puedes tomar para tu bienestar y para tu éxito a largo plazo como trader.

En resumen, saber cuándo abandonar un mercado volátil es una habilidad crucial para cualquier trader. Ya sea porque las emociones te están dominando, porque estás operando sin un plan claro o porque la volatilidad es simplemente demasiado alta para tu nivel de tolerancia al riesgo, es importante reconocer las señales que indican que es hora de salir. Alejarse de un mercado volátil no significa rendirse, sino proteger tu capital y tu bienestar. Recuerda que siempre habrá nuevas oportunidades en el futuro y que lo más importante es preservar tu capacidad de operar cuando las condiciones sean más favorables. La clave del éxito en los mercados no es operar todo el tiempo, sino operar de manera inteligente, y a veces eso significa saber cuándo es mejor no operar en absoluto.

El Papel de la Liquidez en la Volatilidad

La liquidez es un concepto clave en el trading, y su papel en la volatilidad es crucial para entender cómo se comportan los mercados. Cuando hablamos de liquidez en los mercados financieros, nos referimos a la facilidad con la que se puede comprar o vender un activo sin que esto afecte de manera significativa su precio. En otras palabras, un mercado líquido es aquel donde hay suficientes compradores y vendedores para que las transacciones se realicen de manera rápida y eficiente, con poca variación en el precio. Sin embargo, cuando la liquidez es baja, incluso pequeñas órdenes de compra o venta pueden generar grandes fluctuaciones en los precios, lo que aumenta la volatilidad del mercado.

Imagina que estás en un mercado físico, como un mercado de frutas. Si hay muchos vendedores de manzanas y muchos compradores, es fácil negociar el precio porque hay abundancia de manzanas. Puedes comprar o vender sin preocuparte demasiado por cambios repentinos en el precio. Esto es similar a un mercado financiero con alta liquidez. Pero si, de repente, solo quedan unos pocos vendedores de manzanas y mucha gente quiere comprarlas, el precio puede subir rápidamente debido a la escasez, y las negociaciones se vuelven más difíciles. En los mercados financieros, algo similar sucede cuando hay poca liquidez: los precios se vuelven más sensibles a las transacciones y pueden volverse impredecibles.

La relación entre la liquidez y la volatilidad es bastante directa. Cuando hay alta liquidez en un mercado, el precio de los activos tiende a ser más estable. Esto se debe a que hay una gran cantidad de órdenes de compra y venta que amortiguan cualquier movimiento brusco. Por ejemplo, si un trader vende una gran cantidad de acciones en un mercado líquido, es probable que haya suficientes compradores para absorber esa venta sin que el precio caiga bruscamente. En cambio, si un trader intenta vender una cantidad significativa de acciones en un mercado con baja liquidez, puede no haber suficientes compradores, lo que provocaría una caída abrupta en el precio.

Una de las razones por las cuales la liquidez puede afectar la volatilidad es porque en mercados líquidos, los spreads (la diferencia entre el precio de compra y el precio de venta) suelen ser más estrechos. Esto significa que los traders pueden comprar y vender activos sin incurrir en grandes diferencias de precio. En un mercado con poca liquidez, los spreads tienden a ser más amplios, lo que hace que sea más caro y complicado operar, ya que los precios pueden moverse de manera más extrema entre una transacción y otra. Por esta razón, los traders suelen preferir operar en mercados líquidos, ya que es más fácil ejecutar órdenes sin grandes sorpresas en el precio.

Cuando la liquidez disminuye, como suele suceder en tiempos de incertidumbre o cuando los volúmenes de negociación son bajos, los mercados se vuelven más volátiles. Esto ocurre porque, con menos participantes en el mercado, cada transacción tiene un impacto mayor en el precio. Un ejemplo claro de esto se puede observar en situaciones de crisis financiera o durante eventos imprevistos, como noticias económicas sorpresivas o desastres naturales. En estos momentos, muchos traders deciden retirarse del mercado, lo que reduce la liquidez y hace que los precios se vuelvan más inestables. La falta de liquidez, combinada con el miedo y la incertidumbre, puede llevar a fluctuaciones de precios más pronunciadas y difíciles de predecir.

Un aspecto interesante de la liquidez es que no siempre es constante. La liquidez de un mercado puede cambiar a lo largo del día, dependiendo de varios factores. Por ejemplo, en los mercados de acciones, la liquidez tiende a ser mayor durante las horas en que los mercados principales, como los de Nueva York o Londres, están abiertos. En cambio, durante las horas de menor actividad, como la madrugada o los fines de semana, la liquidez disminuye y los mercados se vuelven más volátiles. Este es un aspecto importante a tener en cuenta para los traders, ya que operar en momentos de baja liquidez puede implicar asumir un mayor riesgo debido a la volatilidad.

Es importante también considerar que la liquidez no afecta a todos los activos de la misma manera. Algunos activos son, por naturaleza, más líquidos que otros. Por ejemplo, las acciones de grandes empresas, como Apple o Microsoft, son altamente líquidas porque hay muchos compradores y vendedores interesados en estos activos. En cambio, las acciones de pequeñas empresas o de mercados emergentes tienden a ser menos líquidas, lo que las hace más susceptibles a la volatilidad. Los mercados de divisas (forex), por otro lado, suelen ser muy líquidos debido a la enorme cantidad de transacciones que se realizan a diario. Sin embargo, incluso en mercados tan líquidos como el forex, la liquidez puede disminuir drásticamente durante eventos importantes, como anuncios de políticas económicas o decisiones de los bancos centrales, lo que aumenta la volatilidad.

En los mercados de criptomonedas, la liquidez juega un papel aún más crítico. Debido a que se trata de un mercado relativamente nuevo y con menos participantes que otros mercados financieros tradicionales, la liquidez en las criptomonedas puede ser más volátil. Esto significa que los precios de las criptomonedas pueden cambiar de manera dramática con muy pocas transacciones. En algunos casos, un solo trader con suficiente capital puede influir en el precio de una criptomoneda si el mercado tiene poca liquidez. Por esta razón, la volatilidad en los mercados de criptomonedas suele ser mucho más alta en comparación con otros mercados, lo que representa tanto una oportunidad como un riesgo para los traders.

En resumen, la liquidez es uno de los factores más importantes que influyen en la volatilidad de un mercado. Cuanta más liquidez haya, más estable será el precio de un activo y más fácil será para los traders ejecutar sus órdenes. Por el contrario, cuando la liquidez es baja, los precios pueden volverse inestables y moverse de manera impredecible. Los traders deben estar conscientes de la liquidez del mercado en el que operan y de cómo puede cambiar en función de factores como la hora del día, los eventos económicos o el tipo de activo que están negociando. La falta de liquidez puede ser una fuente de volatilidad que, si no se maneja adecuadamente, puede aumentar los riesgos en las operaciones. Por eso, comprender el papel de la liquidez y cómo afecta a la volatilidad es fundamental para tomar decisiones de trading informadas y exitosas.

Cómo Utilizar el Análisis Técnico en Mercados Volátiles

El análisis técnico es una herramienta fundamental para muchos traders, especialmente en mercados volátiles. A través de esta técnica, los traders intentan predecir los movimientos futuros de los precios utilizando gráficos, patrones y diversas herramientas matemáticas. Aunque el análisis técnico puede ser útil en cualquier entorno de mercado, en un mercado volátil su importancia se amplifica. Los cambios rápidos y grandes en los precios hacen que sea esencial contar con una estrategia basada en la interpretación de datos objetivos, en lugar de decisiones impulsivas o emocionales. En este capítulo, veremos cómo utilizar el análisis técnico para navegar con éxito en mercados volátiles y cómo esta metodología puede ayudarte a tomar decisiones más informadas.

El principio básico del análisis técnico es que los precios se mueven en patrones que tienden a repetirse con el tiempo. Al estudiar estos patrones, los traders intentan identificar puntos de entrada y salida en el mercado. En un mercado volátil, donde los precios fluctúan de manera rápida y a veces sin mucha lógica aparente, el análisis técnico puede proporcionar una estructura que permita entender el caos. Los gráficos de precios se convierten en un mapa que muestra la historia reciente del mercado, y las herramientas técnicas pueden ayudar a encontrar señales de compra o venta basadas en el comportamiento pasado.

Una de las herramientas más comunes en el análisis técnico son las medias móviles. Las medias móviles son simplemente promedios de precios calculados en un periodo de tiempo determinado, como los últimos 10, 50 o 200 días. En un mercado volátil, las medias móviles ayudan a suavizar las grandes fluctuaciones y a identificar la tendencia general del mercado. Si el precio está por encima de la media móvil, es una señal de que el mercado está en una tendencia alcista. Si está por debajo, sugiere una tendencia bajista. Usar múltiples medias móviles juntas, como una media de corto plazo y otra de largo plazo, puede ayudarte a detectar cambios en la tendencia. Por ejemplo, si una media móvil corta cruza por encima de una media móvil larga, puede ser una señal de que la tendencia está cambiando hacia una dirección alcista, algo útil en un entorno volátil donde los cambios pueden ser rápidos.

Los indicadores de volatilidad son otra herramienta clave en el análisis técnico cuando se trata de operar en mercados volátiles. Uno de los más populares es el indicador de las Bandas de Bollinger. Las Bandas de Bollinger consisten en una línea central (una media móvil) y dos líneas que se alejan de la media en función de la volatilidad reciente del mercado. En un mercado volátil, estas bandas tienden a expandirse, reflejando un aumento en la fluctuación de los precios. Si el precio de un activo se mueve hacia la parte superior de las bandas, puede ser una señal de que está sobrecomprado y podría estar listo para una corrección. Si se mueve hacia la banda inferior, podría ser una señal de que está sobrevendido y podría haber una oportunidad de compra. Las Bandas de Bollinger te permiten visualizar de manera sencilla cómo la volatilidad está afectando al mercado y te ayudan a identificar posibles oportunidades.

Otro indicador técnico muy útil en mercados volátiles es el índice de fuerza relativa (RSI). El

RSI mide la velocidad y el cambio de los movimientos de precio, ayudando a identificar si un activo está sobrecomprado o sobrevendido. Un RSI por encima de 70 suele indicar que el activo está sobrecomprado, mientras que un valor por debajo de 30 sugiere que está sobrevendido. En un entorno volátil, el RSI puede moverse rápidamente entre estos extremos, pero sigue siendo una herramienta valiosa para identificar puntos en los que el mercado podría estar agotando su tendencia actual. Por ejemplo, si el mercado ha estado cayendo rápidamente y el RSI muestra que el activo está sobrevendido, podrías esperar una corrección al alza en breve.

Los patrones gráficos también juegan un papel importante en el análisis técnico, especialmente en mercados volátiles. Los patrones como los triángulos, las banderas y los dobles techos o suelos pueden ayudarte a anticipar los próximos movimientos de precios. Un triángulo ascendente, por ejemplo, suele indicar que el mercado está consolidando antes de un posible rompimiento al alza. En mercados volátiles, estos patrones pueden formarse rápidamente, y estar familiarizado con ellos te permitirá actuar antes de que el mercado haga un movimiento grande. Además, los patrones de velas, como el martillo o el hombre colgado, son muy útiles para identificar posibles reversiones en los precios. En un mercado volátil, las velas pueden cambiar rápidamente de forma y tamaño, pero si sabes qué buscar, pueden proporcionarte señales de entrada o salida en el momento justo.

Es importante destacar que, en un mercado volátil, el análisis técnico no debe ser utilizado de manera aislada. Aunque proporciona una gran cantidad de información sobre el comportamiento pasado del mercado, es solo una parte de la ecuación. Los mercados volátiles suelen estar influenciados por factores externos como noticias económicas, eventos políticos o decisiones inesperadas de los bancos centrales. Estos factores no siempre se reflejan inmediatamente en los gráficos, por lo que es fundamental combinar el análisis técnico con un seguimiento constante de las noticias y los eventos globales.

Otro aspecto crucial en el uso del análisis técnico en mercados volátiles es la gestión del riesgo. Debido a que los movimientos de precios pueden ser grandes e impredecibles, es esencial utilizar herramientas como los stop-loss para proteger tu capital. Un stop-loss es una orden que se ejecuta automáticamente cuando el precio de un activo alcanza un nivel determinado, lo que te ayuda a limitar las pérdidas en caso de que el mercado se mueva en tu contra. En un mercado volátil, los stop-loss deben colocarse estratégicamente para que no se activen por movimientos pequeños, pero lo suficientemente cerca como para protegerte de grandes caídas. Usar el análisis técnico para identificar niveles clave, como soportes y resistencias, te permitirá colocar tus stop-loss de manera más efectiva.

La disciplina también es clave al utilizar el análisis técnico en mercados volátiles. Debido a que los precios pueden moverse rápidamente, es fácil dejarse llevar por la emoción del momento y tomar decisiones impulsivas. Sin embargo, el análisis técnico funciona mejor cuando se sigue un plan claro. Esto significa que debes establecer reglas para entrar y salir del mercado, basadas en los indicadores que estás utilizando, y mantenerte fiel a esas reglas, incluso cuando el mercado se vuelve caótico. La volatilidad puede ser desafiante, pero con un enfoque disciplinado basado en el análisis técnico, puedes aprovechar las oportunidades sin asumir riesgos innecesarios.

Finalmente, es importante recordar que el análisis técnico no es infalible. Ninguna estrategia garantiza éxito en cada operación, y en mercados volátiles, los resultados pueden ser especialmente impredecibles. Lo más importante es usar el análisis técnico como una herramienta para reducir la incertidumbre y tomar decisiones informadas, pero siempre siendo consciente de que el mercado tiene su propio ritmo y, a veces, puede sorprender incluso a los traders más experimentados.

En resumen, el análisis técnico es una herramienta poderosa para operar en mercados volátiles. Al utilizar indicadores como las medias móviles, las Bandas de Bollinger y el RSI, junto con patrones gráficos y una buena gestión del riesgo, puedes aumentar tus probabilidades de éxito en un entorno volátil. Sin embargo, la clave está en la disciplina y en combinar el análisis técnico con una comprensión más amplia del contexto del mercado. Si te mantienes enfocado, evitas decisiones impulsivas y sigues tu plan de trading, el análisis técnico puede ser tu mejor aliado para navegar con éxito por la volatilidad del mercado.

Volatilidad en Diferentes Activos

La volatilidad afecta a los mercados financieros de diferentes maneras, dependiendo del tipo de activo que se esté negociando. Aunque la volatilidad en términos generales significa fluctuaciones en los precios, cada tipo de activo responde de manera distinta a los movimientos del mercado debido a sus características únicas. Es esencial entender cómo la volatilidad se manifiesta en diferentes activos para poder ajustar las estrategias de trading y manejar mejor el riesgo. En este capítulo, exploraremos cómo la volatilidad varía en activos como las acciones, las divisas, los bonos, las materias primas y las criptomonedas, y qué factores influyen en sus fluctuaciones.

Comencemos con las acciones, uno de los activos más populares en los mercados financieros. Las acciones representan una participación en una empresa, y su volatilidad depende de varios factores, como el desempeño de la compañía, el estado de la economía en general, las noticias del sector y el sentimiento del mercado. Las acciones de grandes empresas con una trayectoria estable suelen ser menos volátiles, ya que tienen un historial más predecible y son menos susceptibles a cambios bruscos. Sin embargo, las acciones de empresas más pequeñas o emergentes tienden a ser mucho más volátiles. Esto se debe a que su tamaño más reducido las hace más vulnerables a los cambios en las condiciones económicas y a eventos inesperados. Además, las noticias sobre las ganancias, cambios en la dirección de la empresa o innovaciones en el sector pueden generar movimientos rápidos en el precio de las acciones.

La volatilidad en el mercado de acciones también puede ser afectada por eventos externos, como crisis económicas, cambios en las tasas de interés y políticas gubernamentales. Por ejemplo, durante la pandemia de COVID-19, muchas acciones experimentaron volatilidad extrema debido a la incertidumbre global. Algunos sectores, como el tecnológico, prosperaron mientras que otros, como el turismo y la aviación, sufrieron caídas dramáticas. En situaciones como estas, los precios de las acciones pueden experimentar fluctuaciones abruptas, lo que genera tanto oportunidades como riesgos para los traders.

Ahora hablemos del mercado de divisas, también conocido como forex. Este es uno de los mercados más grandes y líquidos del mundo, donde las monedas se compran y venden en pares, como el euro frente al dólar estadounidense (EUR/USD). La volatilidad en el mercado de divisas puede ser muy alta debido a que los precios están influenciados por una amplia gama de factores globales, como políticas monetarias, tasas de interés, datos económicos y eventos geopolíticos. Un solo anuncio de un banco central, como una subida de tasas de interés, puede desencadenar grandes movimientos en las monedas. Esto se debe a que los inversores reevalúan el valor de una moneda en función de su rendimiento comparado con otras monedas.

Además, el mercado de divisas opera las 24 horas del día, cinco días a la semana, lo que significa que la volatilidad puede ocurrir en cualquier momento, dependiendo de dónde se encuentren los principales mercados financieros del mundo en ese momento. Por ejemplo, durante la sesión asiática, la volatilidad puede ser menor en comparación con las horas de apertura de Londres y Nueva York, cuando se realizan más transacciones y se publican más datos económicos importantes. Aun así, eventos inesperados, como cambios en políticas de los bancos centrales o tensiones geopolíticas, pueden provocar movimientos significativos en las divisas. La volatilidad en forex puede ofrecer grandes oportunidades, pero también implica un mayor riesgo, ya que los movimientos de los precios pueden ser rápidos y difíciles de predecir.

Los bonos, por otro lado, tienden a ser activos menos volátiles en comparación con las acciones y las divisas. Los bonos representan deuda emitida por gobiernos o corporaciones, y su volatilidad depende principalmente de las tasas de interés. Cuando las tasas de interés suben, el valor de los bonos tiende a bajar, ya que los inversores prefieren nuevos bonos que paguen tasas más altas. Por el contrario, cuando las tasas de interés bajan, los bonos existentes, que pagan una tasa más alta, se vuelven más valiosos, y su precio sube. En un entorno de tasas de interés estables, los bonos suelen ser activos bastante predecibles y menos volátiles.

Sin embargo, los bonos no son completamente inmunes a la volatilidad. Durante períodos de incertidumbre económica o cuando hay preocupaciones sobre la solvencia de un gobierno o una empresa, los bonos pueden experimentar volatilidad. Esto es especialmente cierto en el caso de los bonos de mercados emergentes, que a menudo son más volátiles debido a la incertidumbre política y económica en esos países. Los bonos corporativos también pueden ser volátiles si la situación financiera de la empresa emisora empeora. Sin embargo, en general, los bonos tienden a ser vistos como activos más seguros y menos volátiles en comparación con las acciones y las divisas.

Las materias primas, como el petróleo, el oro, la plata y el trigo, pueden ser altamente volátiles debido a una variedad de factores, incluyendo la oferta y la demanda, los eventos climáticos, los conflictos geopolíticos y los cambios en las políticas gubernamentales. Por ejemplo, el precio del petróleo es notoriamente volátil debido a su dependencia de factores como las decisiones de la Organización de Países Exportadores de Petróleo (OPEP), las tensiones en las regiones productoras de petróleo y las fluctuaciones en la demanda global. Un conflicto en una región rica en petróleo o una disminución en la producción puede hacer que los precios suban repentinamente, mientras que un aumento en la producción o una desaceleración económica puede hacer que los precios caigan.

El oro, por otro lado, es conocido por ser un activo refugio, lo que significa que tiende a subir en valor durante tiempos de incertidumbre económica. Sin embargo, también puede ser volátil cuando los inversores cambian su enfoque a activos más riesgosos en busca de mayores rendimientos. Las materias primas agrícolas, como el trigo o el maíz, son volátiles debido a factores climáticos y la demanda global. Una sequía en una región clave puede disparar los precios, mientras que una cosecha abundante puede hacer que los precios caigan.

Finalmente, las criptomonedas son quizás los activos más volátiles en los mercados financieros actuales. Bitcoin, Ethereum y otras criptomonedas han ganado popularidad en los últimos años, pero su volatilidad extrema las convierte en una clase de activos arriesgada. La volatilidad de las criptomonedas está impulsada por una combinación de factores, como la especulación, las noticias sobre la regulación gubernamental y la adopción tecnológica. Por ejemplo, un solo tweet de un influencer o una noticia sobre la regulación en un país puede provocar enormes fluctuaciones en el precio de una criptomoneda en cuestión de minutos. Además, dado que los mercados de criptomonedas operan las 24 horas del día, los movimientos pueden ocurrir en cualquier momento, lo que hace que el riesgo de volatilidad sea constante.

En resumen, la volatilidad en los mercados financieros varía enormemente entre diferentes activos. Las acciones, las divisas, los bonos, las materias primas y las criptomonedas tienen sus propias dinámicas de volatilidad, influenciadas por factores específicos. Mientras que algunos activos, como los bonos, tienden a ser más estables, otros, como las criptomonedas, son conocidos por su volatilidad extrema. Comprender cómo se comporta cada activo en un entorno volátil te permitirá ajustar tus estrategias de trading y gestionar mejor el riesgo. La clave es adaptar tu enfoque según el activo que estés negociando y estar preparado para manejar los altibajos que acompañan a la volatilidad en los mercados financieros.

Cómo la Información Impacta los Mercados

La información es uno de los motores más poderosos en los mercados financieros. Cada día, miles de noticias, reportes y eventos afectan las decisiones de los inversionistas y, como resultado, los precios de los activos en los mercados pueden cambiar de manera abrupta. Pero, ¿por qué sucede esto? ¿Cómo algo tan intangible como una noticia o un rumor puede hacer que el precio de una acción suba o baje en cuestión de minutos? En este capítulo, exploraremos cómo la información impacta los mercados, cómo los traders la utilizan para tomar decisiones y por qué, en muchas ocasiones, los mercados reaccionan de manera exagerada a ciertos tipos de noticias.

Cuando hablamos de información, nos referimos a todo tipo de datos que puedan influir en la percepción que los inversionistas tienen sobre el valor futuro de un activo. Esta información puede tomar muchas formas: reportes económicos, anuncios de empresas, decisiones políticas, cambios en la regulación, tensiones geopolíticas o incluso rumores que corren por las redes sociales. Todo ello puede impactar la confianza de los inversionistas y, por lo tanto, alterar el precio de los activos.

Uno de los tipos de información más influyentes en los mercados son los reportes económicos. Por ejemplo, cuando un país publica su tasa de desempleo o su tasa de inflación, los inversionistas suelen reaccionar de inmediato. Si los datos son mejores de lo esperado, los mercados pueden reaccionar positivamente, ya que se percibe que la economía va por buen camino. En cambio, si los datos son peores de lo anticipado, los precios de los activos pueden caer, ya que los inversionistas ven un futuro económico incierto. Estos reportes son monitoreados de cerca, y los traders suelen estar listos para actuar tan pronto como se publican.

Además de los reportes económicos, las decisiones políticas también tienen un gran impacto en los mercados. Por ejemplo, si un gobierno anuncia un cambio en sus políticas fiscales o monetarias, esto puede tener un efecto directo en los activos financieros. Un anuncio de una subida de impuestos puede hacer que las acciones de ciertas empresas bajen, ya que los inversionistas temen que esto afecte sus ganancias. Por otro lado, una reducción en las tasas de interés por parte de un banco central puede hacer que los mercados reaccionen al alza, ya que los inversores ven que el costo de endeudarse se reduce, lo cual es positivo para el crecimiento económico.

Uno de los ejemplos más claros de cómo la información política impacta los mercados es el caso del Brexit, cuando el Reino Unido decidió salir de la Unión Europea. Cada noticia sobre el proceso de negociación, las posibilidades de un acuerdo o una salida sin acuerdo, provocaba grandes movimientos en el mercado de divisas, especialmente en la libra esterlina. La incertidumbre en torno al resultado de las negociaciones hizo que los inversionistas reaccionaran de manera extrema ante cualquier señal nueva, generando gran volatilidad.

Los anuncios corporativos también juegan un papel crucial en los movimientos del mercado. Cuando una empresa reporta sus resultados trimestrales, los inversionistas analizan cada detalle: ingresos, beneficios, proyecciones futuras. Si los resultados son mejores de lo esperado, el precio de las acciones de la empresa puede subir rápidamente. Por otro lado, si la empresa reporta pérdidas o resultados inferiores a las expectativas, los inversores pueden perder confianza y vender sus acciones, lo que hace que el precio caiga. Lo interesante es que no solo importa lo que la empresa reporta, sino cómo se compara con las expectativas del mercado. Incluso si una empresa tiene buenos resultados, si no cumple con las altas expectativas de los inversionistas, su precio puede caer.

En los últimos años, las redes sociales se han convertido en una fuente importante de información para los inversionistas. A menudo, los rumores o las opiniones de figuras influyentes pueden tener un impacto significativo en los precios de los activos. Un ejemplo reciente es el caso de las criptomonedas, donde un solo tweet de una celebridad o un comentario de un empresario famoso puede hacer que el precio de Bitcoin o Ethereum se dispare o se desplome en cuestión de minutos. Esto muestra cómo, en la era de la información digital, las fuentes no tradicionales también juegan un papel importante en los mercados.

Sin embargo, no toda la información es igual. Los traders más experimentados saben que no toda noticia merece una reacción inmediata. Parte del desafío de operar en los mercados financieros es filtrar la información útil de la que no lo es. Muchas veces, los rumores o las noticias mal interpretadas pueden llevar a movimientos exagerados en el mercado, lo que se conoce como "reacción excesiva". En estos casos, los precios de los activos pueden subir o bajar de manera desproporcionada respecto al impacto real de la noticia. Por ejemplo, un rumor de que una empresa va a lanzar un nuevo producto puede hacer que su acción suba, pero si ese producto no genera tanto interés como se esperaba, el precio puede corregirse rápidamente.

La clave para operar con éxito en mercados influenciados por la información es aprender a manejar la volatilidad que esta genera. Muchos traders buscan oportunidades en los movimientos rápidos de los precios causados por nuevas noticias. Sin embargo, también es crucial tener una estrategia clara para evitar quedar atrapado en el caos que a menudo rodea a las noticias importantes. Tomar decisiones impulsivas basadas en información sin verificar puede llevar a grandes pérdidas.

Un concepto importante en este contexto es el de "precio descontado". Esto se refiere a la idea de que toda la información conocida ya está reflejada en el precio actual de un activo. Los traders más experimentados no reaccionan simplemente a la noticia en sí, sino a si esa noticia ya estaba anticipada por el mercado. Si un reporte económico ya era esperado y está en línea con las proyecciones, es probable que el mercado ya haya ajustado los precios para reflejar esa expectativa. Sin embargo, si la noticia es inesperada o sorprendente, puede generar movimientos abruptos.

Otro aspecto interesante es cómo la información asimétrica puede crear oportunidades en el mercado. La información asimétrica ocurre cuando algunos participantes del mercado tienen acceso a información antes que otros. Aunque existen regulaciones estrictas para evitar el uso de información privilegiada, en algunas situaciones, ciertos inversores pueden estar mejor informados, lo que les da una ventaja competitiva. Por ejemplo, si un inversor tiene acceso a análisis más profundos o está al tanto de cambios en la política de una empresa antes de que se hagan públicos, puede actuar de manera anticipada y beneficiarse de la volatilidad.

En resumen, la información es el combustible que impulsa a los mercados financieros. Los precios de los activos no son estáticos; cambian constantemente en respuesta a nuevos datos, anuncios y eventos que impactan las expectativas de los inversores. La habilidad para interpretar correctamente esta información, distinguir entre lo relevante y lo irrelevante, y actuar de manera estratégica es lo que distingue a un trader exitoso de uno que simplemente sigue la corriente del mercado. En un entorno donde la información viaja a una velocidad vertiginosa, aprender a filtrar y reaccionar adecuadamente puede marcar la diferencia entre obtener ganancias y sufrir pérdidas en los mercados volátiles.

Cobertura y Hedging en Mercados Volátiles

Cobertura y hedging son términos clave cuando hablamos de cómo protegerse en los mercados volátiles. Para los traders y los inversionistas, la volatilidad puede ser tanto una oportunidad como una amenaza. En momentos en los que los precios suben y bajan de manera inesperada, tener una estrategia de cobertura puede marcar la diferencia entre conservar el capital o perderlo rápidamente. En este capítulo, vamos a explorar qué es el hedging, cómo funciona y por qué es una herramienta valiosa en mercados inestables.

Cuando hablamos de cobertura o hedging, nos referimos a tomar medidas para reducir el riesgo de una inversión. En los mercados volátiles, donde los precios pueden moverse drásticamente en poco tiempo, el objetivo principal es minimizar las posibles pérdidas que pueden resultar de estos movimientos repentinos. El hedging no busca eliminar completamente el riesgo, sino más bien limitarlo. Imagina que el hedging es como un seguro: tú pagas una prima para protegerte contra un evento no deseado. Si ese evento ocurre, el seguro te cubre, al menos en parte, las pérdidas que podrías haber sufrido.

Una de las formas más comunes de hacer hedging es utilizando derivados financieros, como opciones o futuros. Los derivados son contratos cuyo valor depende del precio de otro activo, como una acción, una moneda o una materia prima. Por ejemplo, si posees acciones de una empresa y temes que su precio pueda bajar, podrías comprar una opción de venta (put). Esta opción te da el derecho, pero no la obligación, de vender tus acciones a un precio predeterminado. Si el precio de las acciones cae, la opción te permitirá venderlas a un precio más alto que el del mercado, compensando parte de las pérdidas.

Otra estrategia popular de cobertura es el uso de contratos de futuros. Un contrato de futuros es un acuerdo para comprar o vender un activo a un precio específico en una fecha futura. En mercados volátiles, los contratos de futuros se utilizan a menudo para protegerse contra cambios bruscos en los precios de materias primas como el petróleo, el oro o el trigo. Si eres un productor de trigo y temes que el precio del trigo caiga en los próximos meses, puedes vender un contrato de futuros. De esta manera, te aseguras un precio fijo por tu producción, independientemente de cómo se comporte el mercado en el futuro. Si el precio del trigo baja, habrás evitado perder dinero, ya que ya has fijado el precio a un nivel más alto. Sin embargo, si el precio sube, no podrás beneficiarte del aumento porque ya habías acordado vender a un precio menor. Esta es la naturaleza del hedging: proteges tus inversiones, pero también renuncias a algunas ganancias potenciales.

El hedging es especialmente útil para empresas que dependen de materias primas o que están expuestas a fluctuaciones en tipos de cambio. Por ejemplo, una aerolínea que compra grandes cantidades de combustible puede querer protegerse contra un posible aumento en los precios del petróleo. Al utilizar contratos de futuros, la aerolínea puede asegurar un precio fijo por el combustible, lo que le permite planificar mejor sus costos operativos sin tener que preocuparse por los altibajos del mercado. De manera similar, una empresa que importa productos del extranjero podría utilizar coberturas para protegerse contra fluctuaciones en las tasas de cambio. Si el valor de la moneda extranjera sube, la cobertura protegerá a la empresa de pagar más por sus productos importados.

Sin embargo, no solo las grandes empresas pueden beneficiarse del hedging. Los traders individuales también pueden utilizar estas estrategias para proteger sus inversiones. Imagina que has invertido en una cartera de acciones y los mercados se vuelven extremadamente volátiles. En lugar de vender tus acciones, podrías utilizar opciones de venta o contratos de futuros para reducir tu exposición al riesgo. Esto te permite mantener tu inversión a largo plazo mientras te proteges de posibles pérdidas a corto plazo. Claro, el costo de la cobertura puede reducir tus ganancias, pero para muchos inversores, la tranquilidad de saber que están protegidos vale la pena.

Además de los derivados, también existen otros métodos para hacer hedging. Uno de ellos es diversificar tu cartera de inversiones. La diversificación implica invertir en diferentes tipos de activos, como acciones, bonos, bienes raíces o incluso criptomonedas. La idea detrás de la diversificación es que, cuando un activo pierde valor, otro podría estar ganando. Por ejemplo, en tiempos de volatilidad en el mercado de acciones, los bonos o el oro tienden a ser considerados activos más seguros. Al tener una cartera diversificada, reduces el impacto de la volatilidad en un solo sector o tipo de activo. De esta manera, si un mercado en particular se desploma, tus pérdidas estarán parcialmente compensadas por los activos que han mantenido o incrementado su valor.

Otro enfoque común de cobertura es la inversión en activos refugio. Los activos refugio son aquellos que tienden a mantener su valor, o incluso a aumentar, en tiempos de incertidumbre y volatilidad. El oro es uno de los ejemplos más conocidos. Cuando los mercados se vuelven inestables, muchos inversionistas recurren al oro como una forma de proteger su riqueza. El oro ha sido históricamente visto como una reserva de valor, y su precio tiende a subir cuando otros activos, como las acciones, pierden valor. Otros ejemplos de activos refugio incluyen el dólar estadounidense y los bonos del Tesoro de Estados Unidos, que también suelen ser demandados en tiempos de crisis.

No obstante, es importante señalar que la cobertura no es una estrategia perfecta. Como mencionamos antes, el hedging tiene un costo. Si decides comprar una opción o un contrato de futuros para protegerte contra la volatilidad, estarás pagando una prima o renunciando a posibles ganancias. Esto significa que, en algunos casos, si el mercado no se mueve como esperabas, podrías terminar perdiendo más dinero del que habrías perdido sin la cobertura. Por eso, es crucial que los traders y los inversores utilicen el hedging de manera cuidadosa y con una estrategia clara en mente.

El hedging también requiere una comprensión sólida de los instrumentos financieros que vas a utilizar. No es una técnica que deba tomarse a la ligera, ya que el mal uso de las coberturas puede generar más complicaciones que soluciones. Por ejemplo, si utilizas derivados sin entender completamente cómo funcionan, podrías terminar incurriendo en costos innecesarios o asumir riesgos que no tenías planeados. Por eso, para quienes quieran implementar estrategias de hedging en sus carteras, es importante educarse bien o contar con el apoyo de un asesor financiero especializado.

En resumen, la cobertura y el hedging son herramientas esenciales para protegerse en mercados volátiles. Aunque no eliminan completamente el riesgo, pueden ayudar a minimizar las pérdidas y ofrecer una mayor tranquilidad en momentos de incertidumbre. Tanto los grandes inversionistas como los traders individuales pueden beneficiarse del uso de estrategias de hedging, siempre que comprendan los costos y riesgos asociados. En un mundo donde los mercados pueden cambiar en un abrir y cerrar de ojos, estar preparado para lo inesperado es clave, y el hedging ofrece precisamente esa protección.

Creación de un Plan de Trading en Mercados Volátiles

Crear un plan de trading es una de las cosas más importantes que cualquier trader, ya sea principiante o experimentado, debe hacer antes de operar en mercados volátiles. Un mercado volátil puede ser emocionante y lleno de oportunidades, pero también puede ser impredecible y peligroso si no se tiene una estrategia clara. El objetivo de un plan de trading es proporcionar una hoja de ruta para tomar decisiones informadas y evitar las decisiones impulsivas o emocionales que a menudo pueden llevar a pérdidas significativas.

El primer paso para crear un plan de trading en mercados volátiles es definir tus objetivos. Es importante saber qué esperas lograr con tus operaciones. ¿Estás buscando ganancias a corto plazo o prefieres una estrategia más a largo plazo? ¿Cuál es tu tolerancia al riesgo? Los mercados volátiles pueden ofrecer grandes oportunidades, pero también conllevan un alto nivel de riesgo. Tener una idea clara de tus metas y el nivel de riesgo que estás dispuesto a asumir te ayudará a mantenerte enfocado y evitar desviarte de tu estrategia.

Una vez que hayas establecido tus objetivos, el siguiente paso es identificar los activos en los que deseas operar. No todos los activos se comportan de la misma manera en mercados volátiles. Algunos activos, como las criptomonedas o las acciones tecnológicas, pueden experimentar movimientos bruscos y rápidos, mientras que otros, como los bonos o las acciones de empresas más estables, tienden a ser menos volátiles. Es fundamental que elijas los activos que se alineen con tu tolerancia al riesgo y tus metas. Además, es recomendable diversificar tu cartera, lo que significa operar en diferentes tipos de activos para reducir el impacto de la volatilidad en un solo mercado.

Una parte crucial de tu plan de trading en mercados volátiles es definir tus puntos de entrada y salida. La volatilidad puede hacer que los precios de los activos suban y bajen rápidamente, lo que puede generar tanto oportunidades como riesgos. Antes de entrar en una operación, debes tener claro a qué precio estarías dispuesto a comprar y a qué precio estarías dispuesto a vender. Estos puntos de entrada y salida deben basarse en análisis técnicos o fundamentales y no en emociones o impulsos. Definir estos niveles de antemano te ayudará a evitar tomar decisiones precipitadas durante momentos de alta volatilidad.

El uso de órdenes de stop-loss es una herramienta clave en un plan de trading para mercados volátiles. Un stop-loss es una orden que se coloca automáticamente cuando el precio de un activo alcanza un cierto nivel, vendiendo o comprando para limitar tus pérdidas. En un entorno volátil, los precios pueden moverse rápidamente en la dirección opuesta a la que esperabas, y un stop-loss te protegerá de pérdidas más grandes de lo que podrías soportar. Aunque puede ser tentador dejar que una operación continúe con la esperanza de que el mercado cambie a tu favor, un stop-loss garantiza que no pierdas más de lo que estás dispuesto a perder. Definir niveles de stop-loss antes de entrar en una operación es esencial para gestionar el riesgo de manera efectiva.

Además del stop-loss, también es importante utilizar órdenes de toma de ganancias. Estas órdenes se activan automáticamente cuando el precio de un activo alcanza un nivel de ganancia predeterminado. En mercados volátiles, donde los precios pueden fluctuar de manera rápida y abrupta, tener una estrategia clara para tomar ganancias es crucial. Si no tienes un plan definido para cuándo tomar tus ganancias, podrías perder la oportunidad de cerrar una operación con beneficio antes de que el mercado dé un giro inesperado. Al igual que con los stop-loss, las órdenes de toma de ganancias te permiten ejecutar tu plan de trading de manera más disciplinada y sin dejarte llevar por la emoción del momento.

El análisis técnico es otra herramienta esencial en un plan de trading para mercados volátiles. A través de gráficos, patrones y diferentes indicadores técnicos, puedes identificar tendencias y posibles puntos de entrada o salida en el mercado. Herramientas como las medias móviles, el índice de fuerza relativa (RSI) o las bandas de Bollinger te ayudarán a detectar cuándo un activo está sobrecomprado o sobrevendido, o cuándo es probable que ocurra una corrección. En mercados volátiles, donde los precios pueden moverse en grandes rangos en cortos periodos de tiempo, el análisis técnico puede brindarte una ventaja para tomar decisiones informadas y basadas en datos, en lugar de reaccionar a movimientos repentinos del mercado.

Sin embargo, el análisis técnico no lo es todo. En un plan de trading, también es importante prestar atención al análisis fundamental, especialmente en mercados volátiles. El análisis fundamental se centra en los factores económicos y financieros subyacentes que pueden influir en el valor de un activo. Por ejemplo, si estás operando con acciones, deberías analizar los ingresos de la empresa, sus ganancias, su deuda y su posición en el mercado. Si estás operando con divisas, debes seguir de cerca las políticas de los bancos centrales, los datos económicos y los eventos geopolíticos. Aunque la volatilidad puede estar impulsada por movimientos de corto plazo, los fundamentos económicos tienden a influir en los movimientos de precios a largo plazo.

La gestión del riesgo es otro componente crucial de tu plan de trading. En mercados volátiles, es fácil dejarse llevar por el entusiasmo o el pánico, pero es vital establecer límites claros sobre cuánto capital estás dispuesto a arriesgar en cada operación. Una regla general en el trading es no arriesgar más del 1 al 2 % de tu capital total en una sola operación. De esta manera, si las cosas no salen como esperabas, tus pérdidas serán limitadas y no pondrás en peligro tu cartera completa. En un entorno volátil, la gestión del riesgo se vuelve aún más importante, ya que las fluctuaciones de precios pueden ser más extremas y más rápidas.

Otro elemento importante en un plan de trading es el tiempo. Debes decidir cuánto tiempo estás dispuesto a dedicar a cada operación. En mercados volátiles, los precios pueden cambiar drásticamente en cuestión de minutos u horas, por lo que si estás haciendo trading a corto plazo, debes estar dispuesto a monitorear los mercados de manera constante. Por otro lado, si tienes una estrategia a más largo plazo, como invertir en una empresa que crees que tiene buenos fundamentos, deberás tener paciencia y no dejarte influenciar por las fluctuaciones diarias del mercado. Definir un marco temporal para cada operación te ayudará a mantener la disciplina y evitar decisiones impulsivas.

La psicología del trading también juega un papel importante en la creación de un plan de trading, especialmente en mercados volátiles. La volatilidad puede generar una montaña rusa emocional para los traders, y es fácil caer en la trampa de actuar por miedo o codicia. El miedo puede hacer que cierres una operación demasiado pronto, mientras que la codicia puede hacer que mantengas una posición por más tiempo del necesario, con la esperanza de obtener más ganancias. Para combatir esto, es esencial tener un plan claro y ceñirte a él, independientemente de lo que esté haciendo el mercado. Un plan bien pensado te proporcionará la confianza necesaria para tomar decisiones basadas en lógica y no en emociones.

Es importante revisar y ajustar tu plan de trading con regularidad. Los mercados cambian, y lo que funcionó en un entorno puede no funcionar en otro. Si notas que ciertos aspectos de tu estrategia no están dando los resultados esperados, es crucial hacer ajustes. Esto no significa que debas cambiar tu plan cada vez que sufras una pérdida, sino que debes estar dispuesto a adaptarte a nuevas condiciones del mercado. A veces, el mercado puede volverse más volátil de lo que anticipabas, o tal vez las herramientas que estás utilizando ya no son tan efectivas. Revisar tu plan con una mentalidad abierta te permitirá evolucionar como trader y mejorar tus resultados a largo plazo.

En resumen, crear un plan de trading en mercados volátiles es un paso esencial para cualquier trader que busque tener éxito en un entorno impredecible. Un plan claro te ayuda a tomar decisiones más informadas, gestionar el riesgo de manera efectiva y mantenerte enfocado en tus objetivos. En mercados volátiles, donde los movimientos de precios pueden ser rápidos y extremos, tener una estrategia bien definida es la clave para operar con confianza y evitar decisiones impulsivas que podrían llevar a grandes pérdidas.